So backt **MANN** in Münster

Heiner Schmitz
Bianca Lietmann
Heller Fotografen · Gestalter

# So backt MANN in Münster

# Inhalt

# Vorwort

Eine Idee ist verwirklicht. Lange Jahre habe ich die Kunst der Konditorei in tollen, traditionsreichen Betrieben kennen gelernt: London, München, Mondsee, Zürich und Münster haben mich sehr geprägt. Besonders das großartige Flair des Café Schucan in Münster bleibt für mich auf ewig unerreicht. Wunderbare Menschen habe ich in diesen Städten getroffen, mit ihnen gelernt, gelebt und viel Spaß gehabt. Schon als kleiner Junge durfte ich öfter mit meiner Oma nach Münster zum Bummeln fahren. Ein Besuch bei der Konditorei Schucan war dabei immer Pflicht. Ich bewunderte die Kuchen und Torten: Mit was für einer Präzision sie gemacht wurden! Aber auch die Stadt an sich mit ihrem Dom und dem Prinzipalmarkt haben mich früh beeindruckt. Vor gut zwei Jahren ging ich mit einer Freundin durch Münster. Wir blieben vor einer Konditorei stehen und bewunderten die Torten und Kuchen im Fenster. In einer Buchhandlung schauten wir durch die Backbücher, sie fragte: „Heiner, kannst du nicht auch mal ein Backbuch schreiben, mit deiner Erfahrung?“ Seit diesem Moment ließ mich der Gedanke nicht mehr los, ein ausgefallenes Backbuch zu schreiben. Ein halbes Jahr später stand das Konzept: ein Backbuch und gleichzeitig ein Bildband, der männliche Persönlichkeiten aus Münster und ihre Lieblingsrezepte vorstellt. In dem Fotostudio Heller aus Telgte und der Redakteurin Bianca Lietmann fand ich ein Team, mit dem ich meine Idee verwirklichen konnte. Wir als Team haben etwas Tolles geschafft, und das mit viel Spaß, Erfahrung und Mut. Danke an Euch! Herzlichen Dank auch an alle, die sich bereit erklärt haben, an diesem Buch mitzuwirken und – im wahrsten Sinne des Wortes – ihr Gesicht hinzuhalten.
Vielen Dank für das Vertrauen, die Zeit und das Engagement!
Viel Spaß beim Anschauen, Lesen und Nachbacken!

Telgte, im Oktober 2010
Heiner Schmitz, Kreativ-Konditor

# Dieter Sieger

Designer, Architekt, Schiffsbauer: Dieter Sieger ist vielfältig. Seine ausgeklügelten Entwürfe wirken unkompliziert, schlicht, gradlinig und doch unverwechselbar – und genau das macht sie schon heute zu Design-Klassikern. 1938 wurde Dieter Sieger in Münster geboren. Nach 15 Jahren auf Schloss Harkotten in Füchtorf zog es ihn 2003 zurück in die Westfalenmetropole, wo er das besondere Flair der Stadt genießt.

Wenn Dieter Sieger von seinem Lebensweg spricht, fällt immer wieder das Wort „Zufall". Doch er ist sich seines Könnens, seiner Leistungsbereitschaft und auch seines Durchhaltevermögens durchaus bewusst und sieht den Zufall etwas anders: „Vielen Menschen begegnen glückliche Zufälle. Ich habe vielleicht das Glück, dass ich sie erkenne, annehme und zu nutzen weiß", erklärt er seine Designer-Karriere und es wird deutlich: Dieter Sieger ist vor allem auch ein exzellenter Kommunikator. Vielleicht waren es eine Prise Zufall, viel künstlerische Sensibilität, ein besonderes Gespür für Menschen und Kommunikation und ein ausgeprägter Kampfgeist, die seinen Werdegang bestimmt haben, zu viel Erfolg und damit auch immer wieder zu Kritik führten.

Seine Weltgewandtheit wurde ihm dabei nicht gerade in die Wiege gelegt; in seinem Elternhaus in Münster ging es eher bescheiden zu. Während die Mutter sein künstlerisches Talent früh erkannte und förderte, hielt sein Vater wenig davon. Nach dem Abschluss einer Maurerlehre begann Dieter Sieger ein Architekturstudium an der Werkkunstschule in Dortmund – ein „Tummelplatz für ausgeflippte Künstlertypen", wie sein Vater fand. Danach folgte direkt die Gründung eines eigenen Büros. Trotz aller Begabung, die auch von den Professoren früh erkannt wurde: Sein wirkliches Glück, die wirklich „glücklichen Zufälle" in Dieter Siegers Leben sind immer Begegnungen mit Menschen gewesen. Der Gartenarchitekt Deaufays oder der Schulrat Charly Leuer waren zum Beispiel Menschen, die ihm schon während des Studiums Einblicke in andere Lebensweisen, ein besonderes Verständnis von Kunst und Kultur und wiederum Begegnungen mit interessanten Menschen geboten haben. Genau diese Zufälle haben es Dieter Sieger ermöglicht, sich zu entwickeln – und diese Chance hat er wahrgenommen.

# Schwarzwälder Kirschtorte

Dieter Siegers Entwürfe sind modern und dennoch klassisch. Sie bestechen durch die besondere, aber nicht zu schrille Idee. Genau so überzeugt auch seine Lieblingstorte immer wieder: die Schwarzwälder Kirschtorte.

| | |
|---|---|
| 220 g Zucker | 1 Vanilleschote |
| 270 g Mehl | 680 ml Schattenmorellen |
| 5 Eier | 50 g rote Marmelade |
| 1,5 g Backpulver | 40 g Puddingpulver |
| 30 g Weizenpuder | 1 Prise Zimt |
| 10 g Kakao | 1100 ml Sahne |
| 125 g Butter | 5 Blatt Gelatine |
| zwei Prisen Salz | 30 ml Kirschwasser |
| 30 g Kuvertüre | Schokospäne |

100 g Butter mit 50 g Zucker verkneten, dann 1 Ei und eine Prise Salz zugeben | mit 200 g Mehl zu einem Mürbeteig verkneten | in Folie wickeln und 1/2 Stunde in den Kühlschrank legen | Backofen auf 180° C vorheizen | Teig in Springformgröße 26 cm ø ausrollen und bei 180° C 5 - 10 min backen | auskühlen lassen | restliche Butter schmelzen | 30 g Kuvertüre klein hacken, schmelzen und zur Butter hinzufügen | Backpulver, Weizenpuder, 70 g Mehl und reinen Kakao mischen | übrige Eier trennen | 50 g Zucker mit dem Eiweiß zu Eischnee schlagen | 60 g Zucker mit dem Eigelb, einer Prise Salz und dem Vanillemark aufschlagen, anschließend Eimassen zusammenfügen | Mehlgemisch dazugeben und zum Schluss die Butter mit der Kuvertüre unterheben | in eine gefettete Springform 26 cm ø geben | bei 165 °C 15 - 20 min backen | auskühlen lassen und dann mittig durchschneiden.

## Füllung

Kirschen auf einem Sieb abtropfen lassen, Saft auffangen und 14 Kirschen zur Seite legen | eine Tasse Saft mit Puddingpulver und Zimt verrühren, den Rest Saft mit 60 g Zucker zum Kochen bringen | anschließend die Tasse Saft und die Kirschen hinzufügen und einmal aufkochen lassen | zur Seite stellen.

## Sahne

Sahne steif schlagen | Gelatine in kaltem Wasser leicht aufweichen, auspressen und in einem Topf mit 2 EL Wasser ganz auflösen | Kuvertüre vorsichtig schmelzen | die Hälfte der Gelatine mit der Kuvertüre und 1/3 der Sahne mischen | zum anderen Drittel der Sahne die restliche Gelatine und das Kirschwasser geben | den Biskuitboden 1 x waagerecht durchschneiden.

Den Mürbeteigboden in eine Springform legen, mit Marmelade bestreichen und einen Teil des Tortenbodens daraufsetzen | Schokoladensahne in den Spritzbeutel füllen und damit im Abstand von 1 cm Kreise auf dem Tortenboden ziehen | Zwischenräume mit den angedickten Kirschen füllen | andere Hälfte des Tortenbodens auflegen und mit der Kirschwassersahne bestreichen | für 1 Stunde in den Kühlschrank stellen | anschließend mit Sahne, Schokospänen und Kirschen rundherum dekorieren.

# Andreas Deilmann

Andreas Deilmann braucht das Tempo im Leben. Der Chef der Planungsgesellschaft Deilmann in Münster hat immer neue Ideen im Kopf, entwickelt innovative Projekte, trägt ständig das volle Risiko. In Münster hat er in den letzten Jahren große Bauprojekte realisiert, unter anderem den Germania-Campus und das Hanse-Carée.

Bereits sein Vater hatte sich in Münster als innovativer Gestalter einen Namen gemacht: Mit seinem modernen Entwurf für das Stadttheater setzte er sich mit seinem Architektenteam gegen konservative Vorschläge für einen Bau durch. Noch heute gilt das 1954 fertig gestellte Gebäude als Markenzeichen der innovativen Theaterarchitektur. Münster punktet seit Jahrzehnten mit dem Bau gegen seinen häufig klassisch-konservativen Ruf. Andreas Deilmann hat viel vom Geist seines Vaters übernommen. Dass man damit auch aneckt, ist quasi systemimmanent. „Man muss offen und flexibel sein, schauen, woher der frische Wind kommt", so Andreas Deilmann. Der 57jährige studierte zunächst in Braunschweig und später in München Architektur. Mit 22 Jahren stieg er dann in die Praxis ein und arbeitete in einem Büro in Stuttgart im Bereich Ausführungsplanung. „Kein anderer Beruf ist so vielfältig. Nicht nur die Entwürfe, auch die Planungen sind entscheidend. Und man muss rechnen können", lacht der Architekt.

Der Vater von sechs Kindern ist oft schon einen Schritt weiter als andere. Nach der Wiedervereinigung gründete er ein zusätzliches Büro in Leipzig und baute dort in großem Stil schicke Wohnungen und entsprechende Restaurants – vor allem für Menschen, die aus dem Westen nach Leipzig kamen, um dort zu arbeiten. Mit seinen Großprojekten in Münster geriet Andreas Deilmann genau in die Bankenkrise. Seine Skrupel sind gering, seine Angst auf die Nase zu fallen auch. Er liebt das Risiko und lebt davon. „Ich brauche es, dass ich manchmal nachts nicht schlafen kann, weil die Gedanken kreisen", sagt der Architekt, „Ohne Risiko gibt es keinen Gewinn. „Auch in Münster sind neue Projekte geplant. Sicher wird wieder kontrovers diskutiert, Ärger ist sozusagen einkalkuliert. „Was man macht, muss man mit Leidenschaft und Spaß machen, sonst hält man das nicht aus", so der Architekt. Und sicher muss man auch trotz aller Unruhe irgendwie in sich selbst ruhen.

# Tiramisu-Törtchen

Andreas Deilmann mag Italien und das italienische Essen. Die Tiramisu-Törtchen bringen auch einen Hauch italienisches Lebensgefühl in die westfälische Metropole.

8 Eier
110 g Zucker
60 g Mehl
60 g Weizenpuder
105 g Puderzucker
0,5 Vanillestange
3 Blatt Gelatine

500 ml Schlagsahne
125 g Mascarpone
250 ml aufgebrühter, starker Kaffee
50 ml Rum
50 ml Amaretto Likör
Kakaopulver

Backofen bei 200 °C vorheizen ▮ 70 g Zucker mit 5 Eigelb, 40g Zucker mit 5 Eiweiß getrennt aufschlagen ▮ Weizenpuder und Mehl mischen, vorsichtig mit beiden Eiermassen vermengen ▮ in einen Spritzbeutel mit mittelgroßer Öffnung füllen und 5 cm lange Streifen auf ein Backpapier spritzen ▮ bei 200 °C 10 - 15 Minuten backen und anschließend die Löffelbisquits heiß in Zucker wälzen.

3 Eigelb mit 75 g Puderzucker und dem Vanillemark aufschlagen ▮ 3 Blatt Gelatine in etwas Wasser einweichen, ausdrücken und in einem Topf mit wenig Wasser bei geringer Hitze auflösen und zum Eigemisch geben ▮ Mascarpone und 250 ml geschlagene Sahne unterziehen.

In einer Schüssel Kaffee, Rum, Likör und 30 g Puderzucker vermengen ▮ 6 - 7 Förmchen (ca. 8 cm ø) fetten und mit Löffelbisquits auslegen ▮ einen Teil des Kaffeegemisches mit einem Pinsel darauf verteilen ▮ die Hälfte der Tiramisu-Sahne darauf verteilen ▮ wieder Löffelbisquits auflegen, den Rest des Kaffeegemisches aufpinseln ▮ mit Tiramisu-Sahne auffüllen und glatt streichen ▮ eine halbe Stunde in den Kühlschrank stellen ▮ anschließend aus der Form nehmen, rundherum Löffelbisquits stellen ▮ 250 g Sahne schlagen und die Törtchen damit und mit dem Kakao verzieren.

# Steffi Stephan

Irgendwie sei er aus Münster einfach nicht weggekommen, sagt Steffi Stephan, der wohl erfolgreichste Musiker der Stadt und Jovel-Betreiber. Das sagt er ganz nüchtern, ohne Wehmut, ohne Reue, ohne Grübelfalten. Es ist eine Feststellung – nicht mehr und nicht weniger.

Steffi Stephan ist ein Mann, der seinen Lebensweg angenommen hat, wie er war. Jahrelang spielte er an der Seite von Udo Lindenberg im Panik-Orchester, ein Jahrzehnt außerdem mit Peter Maffay. Aber die Wege wirklich erfolgreicher Musiker sind selten gradlinig und frei von Brüchen. Nach seinem Musik-Studium in Münster spielte er mit seinem Studienkollegen Udo Lindenberg zunächst in dunklen Bars überall in der Republik, arbeitete dann wieder als Wurstverkäufer im Unternehmen seines Bruders, bis irgendwann gemeinsam mit Lindenberg der große Durchbruch kam. Aber immer blieb Münster sein erster Wohnsitz. Seine Lebensgeschichte ist im besten Sinne auch eine Münstergeschichte.

Nach dem Krieg 1947 in Münster geboren, ging er auch hier zur Schule, absolvierte seine Ausbildung bei Krukenkamp, erstand seine erste Gitarre

# Kalte Schnauze

Großes Talent und Können zeigt sich nicht in vielen Schnörkeln, sondern in viel Gefühl und Gespür für die richtigen Zutaten und Dosierungen. Das gilt für Musik ebenso wie für Rezepte. Steffi Stephan liebt die „Kalte Schnauze" – ein einfaches, altes und typisch münsterländisches Rezept, das viele von ihrer Mutter oder Oma kennen. Mit diesem Kuchen werden Kinder seit Jahrzehnten verwöhnt. Kein Wunder: Mehr Schokolade geht nicht!

**Butterkekse**

250 g Mehl
125 g Butter
60 g Zucker
60 g Puderzucker
1 Ei
0,5 Vanilleschote
eine Prise Salz

**Für die Füllung**

400 ml Sahne
300 g Bitterkuvertüre
300 g Vollmilchkuvertüre

## Butterkekse

Backofen bei 180 °C vorheizen ▮ Butter und Zucker in einer Schüssel verkneten ▮ das Ei, das Mark der Vanilleschote und eine Prise Salz kurz unterkneten ▮ Mehl unterkneten, bis ein geschmeidiger Teig entsteht ▮ für 1 Stunde in den Kühlschrank stellen ▮ anschließend auf einer bemehlten Fläche ausrollen und Rechtecke (ca. 6 x 8 cm) ausschneiden ▮ mit einer Gabel am Rand „steppen" ▮ Rechtecke auf ein Blech legen und bei 180 °C 8 - 10 Minuten backen.

## Füllung

Die beiden Kuvertüresorten klein hacken ▮ Sahne in einem Topf aufkochen und dann vom Herd nehmen ▮ Kuvertüre einrühren, bis eine Creme entsteht ▮ für Erwachsene können 30 ml Contreau eingerührt werden ▮ eine Kastenform (10 x 25 cm ø) mit Folie auslegen ▮ Schokocreme und Kekse hineinschichten ▮ für mindestens fünf Stunden in den Kühlschrank stellen ▮ anschließend aus der Form stoßen und in Scheiben servieren (wenn es einmal schnell gehen soll, funktioniert dieses Rezept auch mit guten, gekauften Butterkeksen ... ).

# Wolfgang Hölker

Er ist Sammler, Geschichtenerzähler, hoffnungsvoll romantisch und ein bisschen verrückt: Wolfgang Hölker ist nicht einfach nur der Verleger und Chef des Coppenrath-Verlages in Münster. Er ist ein echter Typ mit Wiedererkennungswert, der polarisiert. Polarisiert bei Eltern – versteht sich, denn Kinder lieben seine Bücher und Geschenkartikel sowieso: Für sie sind Felix, Lillifee, Käpt'n Sharky und die Lieben Sieben die Größten.

Wolfgang Hölker weiß, wie der Markt funktioniert. Die Bücher über seine kleinen Helden sind zwar Ausgangs- und Bezugspunkt, stehen aber längst nicht mehr so sehr im Mittelpunkt wie das ganze Drumherum, das er unter dem Namen seiner Frau („Spiegelburg") vermarktet. An einem Lillifee-Buch in der Buchhandlung haben Eltern ihre vierjährige Tochter schnell vorbeigezogen: Aber der große Tisch neben dem Bücherregal mit Lillifee-Haarspangen, -Bademänteln, -Backförmchen, -Stiften und CDs ist eine Herausforderung. Wenn Eltern das schaffen, dann nur, um am nächsten großen Spiegelburg-Tisch mit den vielen Hase-Felix-Accessoires wieder stecken zu bleiben. Dabei hatte der Verleger zunächst mit regionalen Kochbüchern angefangen, als er 1977 den Coppenrath-Verlag in Münster übernahm. Bald folgten die ersten Kinderbücher, meist gestalterisch im westfälischen Outfit: „Ich bin bekennender Westfale. Die Bodenständigkeit gefällt mir", so der Grafiker.

1994 folgt der große Durchbruch mit dem reisenden Hasen Felix. Von Münster aus um und in die Welt: Neben den Büchern eroberten schnell auch die vielen Accessoires, vor allem die karierten Taschen und Kinderköfferchen den deutschen und internationalen Markt. Als 2004 das erste Lillifee-Buch erschien, übertraf das sehr schnell die vorherigen Erfolge. Ein Mädchentraum in Rosa. „Träumerei ist wichtig. Aber hinter unseren Büchern und den Produkten steht nicht nur Genialität, sondern harte Maloche", sagt der Vater von zwei Töchtern. Und gearbeitet wird bereits seit 1999 am Kreativkai in Münster. Das ganze Gebäude ist innen plüschig, bunt, Lillifee-rosa und Felix-kariert. Ein riesiges Sammelsurium an antiken und modernen Möbeln, Mitbringseln von Reisen, Teppichen, Bildern verschiedenster Stile. Seit 2010 ist außerdem auch die „Alte Feuerwache" in Münster Firmensitz und Ausstellungsgebäude. „Ich brauche all diese Dinge um mich herum, so fühle ich mich wohl. Kreativität ist eine Addition von Information und Wissen", beschreibt der 62jährige sein kreatives Chaos. Und kreative Ideen fordert Wolfgang Hölker – denn Plüsch hin oder her – letztendlich ist er Unternehmer und fordert Leistung. Auch in rosarot.

# Lillifee-Torte

Wolfgang Hölker weiß nicht nur, was Kindern gefällt. Er weiß auch, wie man gute Ideen für Kinder vermarktet. Die „Backmischung Prinzessin Lillifee" macht deutlich, wie erfolgreich seine Konzepte sind: Nur selten kommt der Kindergeburtstag eines vierjährigen Mädchens ohne diesen rosa Sahnetraum aus.

1 Backmischung Prinzessin Lillifee
50 g Butter
2 Eier
400 g Sahne
300 g Joghurt
250 ml Wasser
1 Glas Erdbeergelee
500 g Erdbeeren

Backofen auf 160 °C vorheizen ▮ Backmischung mit Butter und Eiern zu einem Teig verarbeiten ▮ Teig in eine gefettete Springform 26 cm ø geben ▮ 20 Minuten bei 160 °C backen ▮ Boden aus der Form nehmen und erkalten lassen ▮ einen Tortenring oder den Springformrand erneut darum legen ▮ Sahne steif schlagen ▮ Mischung für den Belag mit 150 ml Wasser verrühren ▮ Joghurt unterrühren und anschließend die steif geschlagene Sahne unterheben ▮ auf dem Boden glatt streichen und 2 Stunden in den Kühlschrank stellen ▮ Torte in 12 Stücke schneiden ▮ Erdbeeren halbieren und darauf verteilen ▮ 100 ml Wasser mit dem Erdbeergelee aufkochen ▮ leicht abkühlen lassen und Erdbeeren damit bepinseln ▮ Dekorblümchen darüber streuen.

# Hendrik Schulte

Er ist das männliche Gesicht der „Lokalzeit Münsterland“ im WDR: Hendrik Schulte und seine Kolleginnen informieren jeden Abend aus dem WDR-Studio Münster über Neuigkeiten aus der Region.

„In der Grundschule habe ich noch ziemlich genuschelt“, verrät Hendrik Schulte. Dieses Nuschel-Image widerlegte er durch den Gewinn eines Vorlesewettbewerbs: Als Sechsklässler der Friedensschule Münster setzte er sich im Rathaus gegen die Konkurrenz der anderen Schulen durch. Er war der beste Vorleser aus ganz Münster. Das war vielleicht ein Zeichen. „Dass ich Sprechen zu meinem Beruf machen könnte, ist mir leider erst viele Jahre später bei meinem ersten Praktikum beim Radio klar geworden. Und dann kamen auch so was wie Zielstrebigkeit oder Ehrgeiz auf“, so der heutige WDR-Moderator.

Das Studentenleben verlief für Hendrik Schulte deshalb eher ungewöhnlich: Frühmorgens moderierte er beim Radio im Kreis Coesfeld, anschließend studierte er an der Westfälischen Wilhelms-Universität in Münster Politikwissenschaften, um noch besser zu verstehen, wovon er im Radio sprach. „Dinge gut und richtig aussprechen zu können ist ja schön und gut, aber irgendwann kommt es dann doch wieder mehr auf den Inhalt an“, so der Medienprofi. Nach dem Examen folgte eine Fernseh-Ausbildung in München und Ludwigshafen, dann startete er als freier Autor beim WDR-Studio in Dortmund. Anschließend moderierte er in Berlin das „Journal“, die Fernsehnachrichtensendung der Deutschen Welle, bevor er im September 2009 mit seiner ersten Sendung beim WDR in Münster begann. „Ich freu mich sehr, wieder hier zu sein. Münster ist für mich eine Insel, hier bin ich zu Hause“, sagt der Moderator.

Münster und das Münsterland entdeckt der begeisterte Segler und Preußen Münster Fan täglich neu und ist fasziniert von den kleinen und großen Geschichten aus der Region, die er allabendlich im Fernsehen erzählen darf. Und damit ist die „Lokalzeit Münsterland“ eben auch seine ganz persönliche lokale Zeit des Tages.

# Wiener Apfelstrudel

Während einer längeren Reise durch die USA waren Hendrik Schulte und seine Freundin erschöpft vom vielen Auto fahren. Ein Schild am Straßenrand mit der Aufschrift „German Apfelstrudel“ war da für beide ein Lichtblick. Seitdem liebt der Moderator den Apfelstrudel in allen Varianten.

120 g Mehl
25 ml Sonnenblumenöl
30 ml Wasser
1 Eiweiß
eine Prise Salz
6 Äpfel (Boskop)
60 g Zimtzucker
40 g Rum
40 g gehackte Mandeln
1 Zitrone
30 g Mandelgrieß
etwas Butter
Puderzucker

Mehl, Öl, Wasser, Eiweiß und Salz in einer Schüssel verkneten ▮ Teig zu einem Ballen formen, mit Öl einreiben und in Alufolie einwickeln ▮ eine halbe Stunde entspannen lassen ▮ Äpfel schälen, entkernen und klein hacken ▮ anschließend mit Zimtzucker, Rum, Mandeln, Zitronensaft und 20 g Mandelgrieß vermengen ▮ Backofen bei 180 °C vorheizen ▮ Teig aus der Folie nehmen, auf ein Küchentuch legen und zu einem Rechteck ausrollen ▮ den Teig dann mit dem Handballen von der Mitte nach außen ziehen, bis er so dünn ist, dass man dadurch eine Zeitung lesen könnte ▮ Oberfläche mit Butter bepinseln und 10 g Mandelgrieß darauf verteilen ▮ anschließend Apfelmasse darauf geben ▮ die oberen Enden des Küchentuches fassen und langsam zu sich hin ziehen, um so den Strudel aufzuwickeln ▮ den aufgerollten Strudel in eine Kastenform legen, mit flüssiger Butter bepinseln und bei 180 °C ca. 60 Minuten backen ▮ nach dem Abkühlen mit Puderzucker bestäuben ▮ Serviertipp: mit Vanilleeis oder Vanillesoße genießen.

# Markus Lewe

Geschichtsträchtiger kann ein Arbeitsplatz wohl kaum sein: Für Markus Lewe hat der Friedenssaal aber auch eine zukunftsweisende Bedeutung. „Wir müssen den Westfälischen Frieden als politischen Imperativ verstehen und weiterleben“, erklärt der Oberbürgermeister von Münster. Das bedeutet für ihn unter anderem, Menschen aus vielen verschiedenen Ländern in Münster zu integrieren und die Stadt so auch weiter zu entwickeln.

Der geborene Münsteraner will für seine Stadt eine Entwicklung in kleinen Schritten. Keine Modewellen, keine kreative Beliebigkeit, wie er sagt. Wissenschaft, Bildung und Lebensart sollen dabei im Vordergrund stehen. „Aus der Provinzraupe ist schon ein bunter, internationaler Schmetterling geworden“, so Markus Lewe. Man spürt bei jedem Satz: Er ist nicht nur Oberbürgermeister dieser Stadt, er ist auch ein ganz und gar begeisterter Münsteraner. Markus Lewe ist sogar ein Münsteraner wie er im Buche steht – bei Wind und Wetter legt er die 8 Kilometer von Angelmodde bis zum Rathaus mit seiner Leeze zurück und lässt seinen Dienstwagen gerne stehen. Er schätzt diese tägliche Fahrt durch eine schöne Landschaft und intakte Umwelt. Zuhause findet er bei seiner Frau und den fünf Kindern einen Rückzugsort und Erholung von seinem oft hektischen Job. „Trubel bin ich aber gewohnt: Das erste Kind haben wir bereits im Studium bekommen – bei uns war also immer schon viel los“, lacht der 45jährige. Sein Studium in Münster schloss er als Diplom-Verwaltungswirt ab, anschließend war er für den Landschaftsverband Westfalen-Lippe und das Bistum Münster tätig. 1999 wurde er Bezirksbürgermeister in Münster, im Jahr 2009 dann Oberbürgermeister. Ein Mann ohne Brüche in der Biografie, alles rund und angemessen geordnet. Vielleicht ist es das, was ihm die Fröhlichkeit und Gelassenheit für seine Aufgaben als Oberbürgermeister gibt.

# Mascarpone-Erdbeer-Torte

Oberbürgermeister Markus Lewe liebt Obst in allen Variationen. Manchmal auch in Kombination mit viel Quark, Mascarpone und Sahne ...

125 g Butter
200 g Zucker
35 g Vanillezucker
200 g Mehl
1 Päckchen Backpulver
50 ml Milch
3 Eier
100 g gehackte Mandeln
10 ml Mandellikör

eine Prise Salz
400 g Magerquark
400 g Mascarpone
400 g Sahne
1 Zitrone
5 Blatt Gelatine
500 g Erdbeeren
Amarettinis
Puderzucker

Backofen auf 200 °C vorheizen ▮ Butter, Salz, 25 g Vanillezucker und 75 g Zucker cremig rühren ▮ die Eier einzeln zurühren, anschließend Milch und Mandellikör, Mehl, Backpulver und Mandeln mischen und unterheben ▮ Masse in eine Springform 26 cm ø füllen, glatt streichen und 20 Minuten bei 200 °C backen ▮ Boden auskühlen lassen ▮ Gelatine in kaltem Wasser einweichen ▮ Sahne schlagen ▮ Mascarpone, Quark, 10 g Vanillezucker, 125 g Zucker und den Saft der Zitrone verrühren ▮ Gelatine ausdrücken, in einem Topf bei niedriger Temperatur mit wenig Wasser auflösen und unter die Quarkmasse rühren ▮ nun vorsichtig die Schlagsahne unterheben ▮ Tortenring um den gebackenen Boden legen ▮ 12 Erdbeeren zur Seite legen, restliche Erdbeeren auf dem Boden verteilen ▮ Sahne darauf geben und mit einem Löffel ein Wellenmuster ziehen ▮ Amarettinis klein hacken und auf der Torte verteilen ▮ mit Puderzucker bestäuben.

OEDING-ERDEL
Juwelier

# Thomas Oeding-Erdel

Der Eingang zu seinem Geschäft mit Türsteher verheißt bereits, was sich hinter dieser Tür verbirgt: echte Schätze. Das Juweliergeschäft von Thomas Oeding-Erdel lässt es am Prinzipalmarkt in Münster glitzern und funkeln. Aber nicht zu pompös, nicht zu wild, sondern hochwertig und edel. Bodenständige Eleganz – münstertypischer kann ein Juweliergeschäft eigentlich gar nicht sein. Mit dem besonderen Stil von Schmuck und wertvollen Uhren beeindruckt die Familie bereits seit 1906 ihre Kunden.

Thomas Oeding-Erdel liebt diesen Stil auch privat: edel, aber nicht zu viel Glamour. „Wir passen zu Münster und Münster passt zu uns", erklärt der dreifache Vater. Der 41jährige schätzt die besonderen Qualitäten dieser Stadt. „Münster hat eine gute Größe, profitiert enorm von der Uni. Gerade für Familien ist das eine sehr lebenswerte Stadt. Für unser Geschäft ist natürlich vor allem die Kaufkraft entscheidend." Und dabei sind längst nicht die meisten Kunden aus Münster: Viele kommen aus der weiteren Region, aus den Niederlanden, zum Teil sogar aus dem Rheinland. Das freut natürlich besonders, wenn sich Kunden für den Prinzipalmarkt anstatt für die Königsallee entscheiden.

Thomas Oeding-Erdel ist in Münster geboren und hat hier Betriebswirtschaftslehre studiert. Das Gespür für edlen Schmuck, die Schönheit von Perlen und Steinen erlernte er von seinem Vater. Erich Oeding-Erdel hatte das Geschäft, genau wie sein Vater, fast 50 Jahre lang geführt, bis der jüngste Sohn Thomas das Unternehmen im Jahr 1995 übernahm. 2002 kam ein weiteres Geschäft in Osnabrück hinzu. „Wie mein Vater und mein Großvater versuche ich, unserem Design und unserem ganzen Sortiment eine besondere Note zu verleihen, die Tradition neu zu interpretieren", beschreibt Thomas Oeding-Erdel seine Unternehmensstrategie. Aber das eben mit einem Hauch münsterischen Understatement.

# Apfeltarte

Auf der Suche nach einem Nachtisch, der nicht zu kompliziert ist und auch nicht zu schwer im Magen liegt, stieß Thomas Oeding-Erdel auf die Apfeltarte.

| | |
|---|---|
| 200 g Mehl | 1 kg Äpfel (Boskop) |
| 100 g Butter | 1 Zitrone |
| 50 g Puderzucker | 50 g Zucker |
| 1 Ei | 5 g Zimt |
| eine Prise Salz | 1 Glas Apfelkonfitüre |
| 0,5 Vanilleschote | |

Butter und Puderzucker in einer Schüssel vermengen, dann Ei, Salz und Vanillemark zufügen ▮ Mehl hinzu geben und zu einem Teig verkneten ▮ in Folie wickeln und eine halbe Stunde kalt stellen ▮ Äpfel schälen, entkernen, vierteln und in Spalten schneiden ▮ Saft der Zitrone auf die Äpfel träufeln und in einer Schüssel mit Zucker und Zimt vermischen ▮ Backofen auf 220 °C vorheizen ▮ Springform 26 cm ø fetten, zwei Drittel vom Teig rund ausrollen und hinein legen ▮ den Rest des Teigs zu einer langen Schlange rollen und auf den Boden, am Springformrand entlang auflegen und andrücken ▮ die Apfelspalten wie Dachziegel auf dem Boden verteilen ▮ 20 - 25 Minuten bei 220 °C backen ▮ Apfelkonfitüre mit etwas Wasser im Topf auflösen und die noch warmen Äpfel damit bepinseln.

# Dietmar Krüger

Viele Stunden am Tag, ganze Abende und Nächte verbringt Dietmar Krüger in seinem kleinen Büro und starrt auf eine einzige Seite: Er arbeitet extrem genau, geduldig und fast penibel. Wo andere schon mal ein bisschen schummeln, will er jedes noch so kleine Haar perfekt: Der Illustrator Dietmar Krüger aus Münster zeichnet Bilder, die den Betrachter in die Tiefen spektakulärer Geschichten ziehen.

Dietmar Krüger hat schon sein Leben lang gezeichnet. 1985 kam er nach Münster, um „Visuelle Kommunikation“ an der Fachhochschule zu studieren. Anschließend startete er als freischaffender Illustrator. Buchverlage wie Ravensburger, Schneider und Bastei zählen zu seinen Kunden. Focus, Men’s Health und zahlreiche andere Zeitschriften veröffentlichen seine treffenden Karikaturen und Illustrationen. „Ich kann nichts anderes“, lacht der 51jährige. Sein Herzensprojekt wird im kommenden Jahr erscheinen: ein Münstercomic mit dem Titel „Der Fluch des Wiedertäufers“, bei dem eine rätselhafte Mordserie die Münsteraner in Angst und Schrecken versetzt und viel Blut vom Sendschwert tropft. „Eine furiose Mischung aus Indiana Jones und Ghostbusters“, freut sich Dietmar Krüger – was er macht, das macht er mit Leidenschaft. Bei aller Kreativität, die in seinen Entwürfen steckt, ist der Vater eines Sohnes im wahrsten Sinne Handwerker. Wenn man seine Zeichnungen anschaut, erscheint es unvorstellbar, dass alles ohne technische Hilfe gezeichnet wurde und unweigerlich stellt sich die Frage: Wieviele Stunden Arbeit stecken in einer einzigen Seite dieses Comics? Das weiß nicht einmal Dietmar Krüger genau. Es ist eben ein Herzensprojekt.

# Gerechtigkeitskuchen

Mit diesem Rezept ist eine ganz besondere Familiengeschichte verbunden: Dietmar Krügers Oma konnte 1945 mit der letzten Möglichkeit in einem Viehwagen aus Breslau fliehen. Im Gepäck hatte sie dieses Rezept. Bei diesem Kuchen ging es in der Familie immer gerecht zu, weil jedes Stück identisch aussah und die gleiche Anzahl von Streuseln hatte – so bekam keiner mehr als der andere. Bis heute wird das Rezept in der Familie weiter gegeben und an Krieg und Hungersnot gedacht.

| | |
|---|---|
| 900 g Mehl | 1 Ei |
| 30 g Hefe | 350 g Butter |
| 250 ml Milch | 4,5 g Salz |
| 310 g Zucker | 1 Vanilleschote |

100 g Butter, lauwarme Milch, 500 g Mehl, 60 g Zucker, Hefe, Ei, eine halbe Vanillestange und Salz zusammen in eine Schüssel geben und alles gut verkneten ▮ den Teig mit einem Tuch abdecken und an einem warmen und zugfreien Ort 45 Minuten gehen lassen ▮ anschließend auf einem Backblech ausrollen, mit einem Tuch abdecken und nochmals für 30 Minuten gehen lassen ▮ für die Streusel inzwischen die restliche weiche Butter, 250 g Zucker und das Mark der halben Vanilleschote verrühren ▮ nun 400 g Mehl zugeben, bis ein geschmeidiger Teig entstanden ist ▮ Backofen auf 225 °C vorheizen ▮ Teig in vier Stücke teilen und zu langen Strängen ausrollen ▮ Stränge wieder in gleich große Teile teilen ▮ diese Teile zwischen Daumen, Zeige- und Mittelfinger zusammenpressen und so Streusel formen ▮ Boden mit Wasser bepinseln und jeden Streusel einzeln auf den Teig setzen ▮ 25 Minuten bei 225 °C backen und anschließend in gleich große Stücke schneiden.

# Peter L. Wilson

Peter L. Wilson hat Münster vor über 20 Jahren mit dem Bau der Stadtbücherei architektonisch in eine neue Liga befördert. Gemeinsam mit seiner Frau leitet er das international renommierte Architekturbüro „Bolles + Wilson“ am Hafen in Münster.

Stararchitekt – das sei eine ganz blöde Bezeichnung, meint Peter L. Wilson: „Wir sind ja keine Popstars. Unser Job besteht höchstens zu zehn Prozent aus Kreativität. Der Rest ist harte Arbeit.“ Und die bewältigt er mit einem Team aus rund 20 Mitarbeitern. Gebürtig kommt der Architekt aus Australien, seine Frau aus Münster. Kennen gelernt haben sie sich aber in London, an der Architectural Association School. Dort gründeten sie auch zunächst ihr Büro. Doch mit dem Wettbewerbsgewinn für die Stadtbücherei Münster zog das Paar 1989 nach Münster um. „Ich habe mich hier schnell heimisch gefühlt. Meine Frau hatte ja gewachsene, soziale Beziehungen, das hat es uns privat viel einfacher gemacht“, blickt der zweifache Vater zurück.

Von Münster aus leitet Peter L . Wilson Projekte in aller Welt – unter anderem in Japan, Korea, Australien, den Niederlanden und Italien. Da wundert es nicht, dass sein Büro immer von einigen Architekturstudenten aus aller Welt unterstützt wird. Zweifellos sind die Ideen des Architekten auffällig anders, fordern auf, ein zweites Mal genauer hinzuschauen. „Es geht nicht darum, mit seinen Entwürfen spektakulär zu sein, sondern eine verantwortungsvolle, qualitativ gute Arbeit zu machen“, so der 60jährige. Seine Entwürfe vereinen viel Fantasie mit einer guten Portion Pragmatik: Dafür hat er in den letzten Jahren viel Applaus bekommen. Das RS + Yellow-Möbelhaus an der Grevener Straße in Münster ist ein Beispiel dafür. „Am meisten Freude macht es aber, ein Gebäude dann in Benutzung zu sehen“, gibt der Architekt zu, „Das bringt viel mehr Bestätigung als jede gute Kritik.“ Und genau das strahlt Peter L. Wilson auch aus: Es geht nicht um den Architekten als Mensch, sondern nur um das Ergebnis.

# Lamingtons

In Australien sind die Lamingtons eine nationale Spezialität – die man sehr schnell essen muss. Denn eigentlich ist es für solche Schoko-Küchlein in dem Land viel zu warm und das Verzehren gilt somit als witzige Herausforderung. Der gebürtige Australier Peter L. Wilson mag sie deshalb ganz besonders.

280 g Mehl
2 große Messerpsitzen Backpulver
135 g Butter
150 g Zucker
2 Eier
240 ml Milch

1 Vanillestange
eine Prise Salz
500 g Puderzucker
30 g Kakao
250 g Kokosflocken

Backofen auf 180 °C vorheizen ▮ 120 g Butter mit Zucker, Vanillemark und Salz aufschlagen ▮ Eier und 120 ml Milch langsam unterrühren ▮ Mehl und Backpulver dazugeben und verkneten ▮ Teig in eine quadratische Kuchenform (20 x 20 cm ø) geben und 25 - 30 Minuten bei 180 °C backen ▮ anschließend aus der Form stürzen und einen Tag in den Kühlschrank stellen ▮ dann in gewünschte Würfelgröße schneiden ▮ Puderzucker, Kakao, 120 ml warme Milch und 15 g geschmolzene Butter zu einer Soße verrühren ▮ die Lamingtons auf ein Kuchengitter stellen und mit dieser Soße übergießen ▮ in den Kokosflocken wälzen ▮ auf einer Kuchenplatte etwas antrocknen lassen.

**Tipp:**

250 ml Orangensaft
50 ml Contreau
100 g Kuvertüre

Orangensaft und Contreau mischen ▮ sobald die Soße angezogen ist, die Unterseite der Lamingtons mit einer Gabel einstechen und mit dem Orangensaftgemisch bepinseln ▮ mit aufgelöster Kuvertüre bestreichen und 10 min in den Kühlschrank stellen.

# Markus Brüning

Er liebt den Handel, die Mode und das Entertainment für seine Kunden – Markus Brüning ist Verkäufer mit Leib und Seele. Und trotzdem passt die Bezeichnung Verkäufer gar nicht wirklich zu ihm. Er ist eher Berater oder vielleicht Wellnessexperte: Mit seinem Geschäft Hasardeur will er den Kunden vor allem ein gutes Gefühl vermitteln – und das mit exklusiver, internationaler Designermode, bester Qualität und Luxus, aber auch mit einer gewissen Lässigkeit.

Nach Münster kam er eigentlich, um Psychologie, Germanistik und Soziologie zu studieren. Aber 1986 brach er sein Studium ab und begann eine Ausbildung im damaligen Hasardeur in der Königstraße. „Die damalige Besitzerin managte den Laden nur mit modebegeisterten Auszubildenden", erinnert sich Markus Brüning. Zunächst wurde ausschließlich Herrenmode verkauft. 1989 kam auch sein jetziger Geschäftspartner Peter Bavendiek dazu, und die damalige Chefin bot den beiden an, sich an Hasardeur zu beteiligen. „Für uns war das eine fantastische Chance", so Markus Brüning. Das Geschäft wurde konsequent erweitert und verbessert, es folgte ein Umbau des Ladens in der Königstraße im Jahr 1994. Seitdem hat der 46jährige auch Damenbekleidung im Sortiment – inzwischen macht das rund 70 Prozent seiner Mode aus.

Im Jahr 2003 zog Hasardeur um: Gegenüber der Lambertikirche, am Alten Steinweg, haben Markus Brüning und sein Geschäftspartner in der ehemaligen Regensbergschen Buchhandlung ein Zuhause gefunden. Hier bieten sie auf rund 1200 qm² auch Schuhe, Düfte, Accessoires und hochwertige Bücher an. „Unsere Kunden sollen sich bei uns wohl fühlen", erklärt Markus Brüning, „und dazu gehört auch das entsprechende Design unseres Ladens." Rund 40 Tage im Jahr verbringt der Münsteraner in Mailand, um von dort die neusten Modetrends nach Münster zu holen. „Wir haben damals in Münster eine Marktlücke für hochwertige Mode erkannt, die kleidet, aber nicht verkleidet", beschreibt er seinen Erfolg heute. Und das Konzept passt gut zu Münster.

# Stachelbeerbaisertorte

Wenn Familie Brüning sich zum Kaffee trifft, backt die Mutter ihre sehr beliebte Stachelbeerbaisertorte – das ist schon Tradition. Markus Brüning schätzt an der fruchtigen Torte besonders die Mischung aus süß und sauer.

175 g Butter
280 g Zucker
30 ml Pflanzenöl
20 ml Milch
330 g Mehl
3 g Backpulver
zwei Prisen Salz
4 Eier
20 g gemahlene Mandeln
500 ml Sahne
1 Päckchen Vanillezucker
3 Blatt Gelatine
400 g Stachelbeeren
400 g Stachelbeermarmelade
Puderzucker

100 g Butter mit 50 g Zucker verkneten, dann 1 Ei und eine Prise Salz zugeben ▮ mit 200 g Mehl zu einem Mürbeteig verkneten ▮ in Folie wickeln und 1/2 Stunde in den Kühlschrank legen ▮ Backofen auf 180° C vorheizen ▮ Teig in Springformgröße 26 cm ø ausrollen und bei 180° C 5 - 10 min backen ▮ auskühlen lassen ▮ 70 g Zucker, 75 g weiche Butter, Öl und Salz cremig rühren, 3 Eigelb (Eiweiß zur Seite stellen) und Milch zugeben ▮ 130 g Mehl und Backpulver einrühren ▮ auf ein Backpapier in Backblechgröße zwei Kreise mit 26 cm ø aufzeichnen und diese beiden Kreisfächen mit der Masse bestreichen ▮ dann zunächst 3 Eiweiß und 150 g Zucker zu Eischnee schlagen, Mandeln vorsichtig unterheben ▮ diesen Eischnee auf die beiden Teigkreise verteilen und 10 – 15 Minuten bei 180 °C backen ▮ abkühlen lassen ▮ Sahne mit Vanillezucker steif schlagen ▮ Gelatine in kaltem Wasser aufweichen, ausdrücken, mit zwei Esslöffeln Wasser im Topf vorsichtig auflösen und dann schnell unter die Sahne mischen ▮ den Mürbeteigboden mit Stachelbeermarmelade bestreichen, in eine Springform legen und einen Baiserboden darauf setzen ▮ Stachelbeeren in die Marmelade legen und den Rest der Stachelbeermarmelade auf dem Baiserboden verstreichen ▮ Sahne darauf verteilen ▮ den zweiten Baiserboden in zwölf Tortenstücke schneiden und auf die Sahne legen ▮ Torte für eine Stunde in den Kühlschrank stellen und anschließend mit Puderzucker bestäuben.

1
SX-capital
Los Nocheros

# Sebastian Schneberger

Er holte den schnellen Pferdesport nach Münster: Das „Polo-Picknick" findet seit 2003 jeden Sommer auf dem Hugerlandshof in Münster-Handorf statt – veranstaltet durch Sebastian Schneberger. Der gebürtige Münsteraner entdeckte seine Leidenschaft für Polo vor über zehn Jahren. Dabei schätzt er das perfekte Zusammenspiel von Pferd und Reiter, das diesen Sport ausmacht.

Auch wenn er es mehr als Hobby ansieht – Sebastian Schneberger ist ein Polo-Profi. Und davon gibt es in Deutschland nicht viele. Nur rund 50 Männer und Frauen spielen ähnlich professionell. Ähnlich wie beim Golf gibt es hier Handicaps: Und da fängt beim Polo in Deutschland erst mal jeder im Minus-Bereich an. Mit seinem Team Los Nocheros (Die Nachtschwärmer) nimmt Sebastian Schneberger weltweit an Turnieren teil. Er spielt klassisch auf Rasen, im Sand, im Schnee und auch mal hoch oben auf Gipfeln, die über den Wolken liegen. Oft nimmt er an Turnieren in Argentinien teil, wo Polo-Turniere weit verbreitet sind. In seinem Team Los Nocheros spielen immer auch ein oder zwei argentinische Spieler mit. Seine Polo-Pferde kommen ebenfalls aus Argentinien.

Polo ist aber oft mehr als nur ein Sport. Es ist ein gesellschaftlicher Akt. Mit seinem „Polo-Picknick" will Sebastian Schneberger ein Stück Unkompliziertheit in die Polo-Szene bringen. „Wir geben dem rasanten Königssport eine bodenständige Note", erklärt der 40jährige. Ihm geht es um eine legere Atmosphäre, um den Spaß am Sport und eben am Picknick – nicht um die Statussymbole, die oft mit dem Polosport verbunden werden. Polo, der wohl älteste Mannschaftssport der Welt, soll so für viele Menschen interessant werden. Und das gelingt: In Münster finden auf den jährlichen Turnieren alle zusammen: langjährige Fans des Sports, Pferdeliebhaber aus der Region, Profis aus aller Welt und Menschen, die einfach neugierig auf diesen Sport sind. Ob die Zuschauer beim münsterischen Polo-Picknick also große Hüte oder Baseball-Kappen tragen, Champagner oder Limo trinken spielt hier keine Rolle. Nur eins gehört für alle zum guten Ton: Nach jedem Spiel die losen Rasenplatten wieder festzutreten.

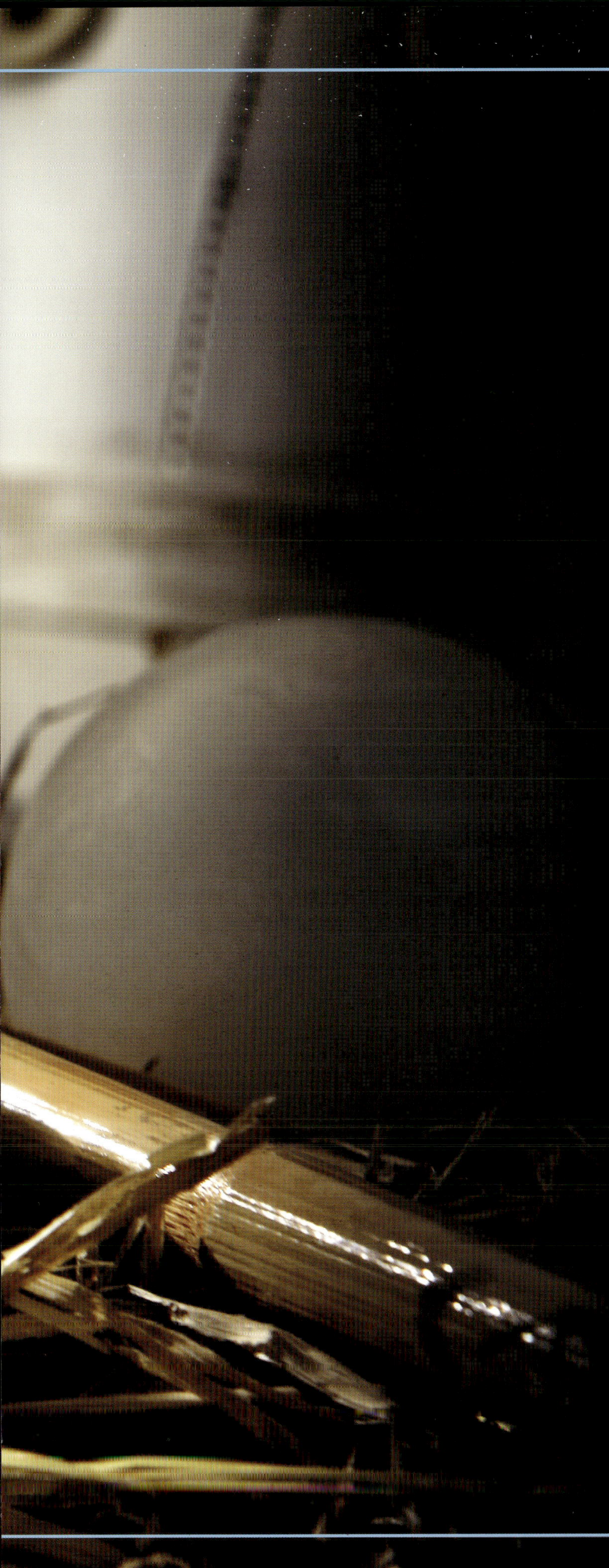

# Cup Cakes

Unkompliziert, schnell und für jeden so, wie er es eben am liebsten mag: So soll das Polo-Picknick von Sebastian Schneberger sein und so sind auch seine Lieblingskuchen, die Cup Cakes.

200 g Mehl
200 g Butter
150 g Zucker
2 Eier
Messerspitze Backpulver

Backofen auf 160 °C vorheizen ▮ Butter und Zucker cremig rühren ▮ Mehl und Backpulver mischen, davon zwei Esslöffel zum Buttergemisch geben ▮ ein Ei gut unterrühren ▮ noch mal zwei Esslöffel Mehl untermischen, dann das zweite Ei und den Rest vom Mehl unterziehen ▮ die Masse in eine Muffinsform füllen (nur halbvoll!) ▮ bei 160 °C ca. 20 - 25 Minuten backen.

## Glasur:

200 g Puderzucker mit drei Esslöffeln heißem Wasser glatt rühren ▮ nach Belieben Lebensmittelfarbe zugeben ▮ Glasur mit dem Pinsel oder einem kleinen Löffel auf den Cup Cakes verteilen und nach Belieben zusätzlich mit Zuckerperlen oder Marzipan garnieren (mit Marzipan erst auf der getrockneten Glasur!)

# Dr. Berthold Tillmann

Ein Mann und seine Stadt – zehn Jahre lang hat er Münster als Oberbürgermeister mit seinem Stil geprägt. Als er im Oktober 2009 die politische Bühne verließ, sprachen selbst seine Gegner vom „Ende einer imponierenden Ära". Dr. Berthold Tillmann aber ging ohne Wehmut und Trauer. Sein Entschluss, nach zwei Legislaturperioden abzutreten, stand fest. Er ist ein Mann, dem man beides glaubt: Dass ihm die Zeit als Oberbürgermeister viel Freude gemacht hat, aber auch, dass es Freude macht, dieses Kapitel zu beenden.

Während seiner Zeit wurde Münster zur angesehenen, europäischen Regionalhauptstadt, die Atmosphäre weltoffener, moderner und internationaler. Er wollte Münster nach vorn bringen, aber ohne dabei Gruppen zu übergehen. Sein Ziel bestand darin, das gleichberechtigte Miteinander verschiedener Gruppen und Milieus zu stärken. Das behält er auch nach seiner Amtszeit im Auge: Durch seinen Lehrauftrag an der Westfälischen Wilhelms-Universität beschäftigt er sich weiterhin damit, wer eine Stadt eigentlich prägt und regiert. Münster, seine Stadt, wird für ihn nun zum Wissenschaftsgegenstand.

In den zehn Jahren als Oberbürgermeister und während seiner vorherigen Tätigkeit als Kämmerer der Stadt Münster hat Dr. Berthold Tillmann viel erlebt: Interessante und prägende Begegnungen, hitzige Diskussionen, spannende Reisen und die Arbeit in einem hervorragenden Team, wie er immer wieder betont. Er hat viele Persönlichkeiten im Friedenssaal empfangen – sein Treffen mit Kofi Annan zum Beispiel hat ihn nachhaltig bewegt. Natürlich gab es auch Niederlagen, stark emotional besetzte Themen und schwierige Entscheidungen. Seiner Liebe zu Münster hat das keinen Abbruch getan, ganz im Gegenteil. Seitdem er 1969 zum Studium nach Münster kam, fesselt ihn die Stadt. Keine Frage also, dass er immer mittendrin gewohnt hat. Über „sein" Kreuzviertel sagt er augenzwinkernd: „Es gibt nur zwei Sorten von Münsteranern: Die, die im Kreuzviertel wohnen und die, die gerne dort wohnen würden."

# Far Breton

Dr. Berthold Tillmann bezeichnet sich selbst als Regionalist. Wen wundert es also, dass sein Lieblingskuchen eine regionale Spezialität ist – und zwar eine bretonische. Die Bretagne ist eines seiner liebsten Reiseziele und die „Far Breton“ (Eierkuchen) lässt man sich im nord-westlichen Frankreich nach einem ausgedehnten, nicht zu festlichen Essen schmecken. Dazu passt ein französischer Café – man kann aber durchaus auch einfach beim Wein bleiben.

| | |
|---|---|
| 250 g Mehl | 60 g Rosinen (eingelegt in Rum) |
| 225 g Zucker | Mark einer Vanillestange |
| 4 Eier | eine Prise Salz |
| 1 l Milch | 1 Glas Aprikosengelee |
| 10 ml Rum | 15 Aprikosen |

Backofen auf 200 °C vorheizen ▮ Springform 26 cm ø fetten und gut bemehlen ▮ den Boden mit Rumrosinen belegen ▮ Mehl, 150g Zucker, Milch, Eier, Vanille, Rum und Salz in einer Schüssel zu einer leichten Masse verrühren (nicht schaumig schlagen!) ▮ diese Masse in die gut verschlossene Springform gießen ▮ bei 200 °C auf mittlerer Schiene ca. 50 Minuten backen ▮ auskühlen lassen und aus der Form nehmen ▮ Aprikosen waschen und entkernen, anschließend halbieren ▮ Aprikosenhälften auf den gebackenen Boden legen ▮ Aprikosengelee in einem Topf mit etwas Wasser aufkochen ▮ anschließend auf die Aprikosen streichen ▮ mit geschlagener Sahne servieren.

Heribert Meffert

# Prof. Dr. Dr. h. c. mult. Heribert Meffert

Als der Marketingexperte Heribert Meffert 1968 nach seiner Habilitation von München an die Westfälische Wilhelms-Universität nach Münster wechselte, prophezeiten die Bayern ihm eine schnelle Rückkehr: München und Münster – da seien nur die ersten drei Buchstaben gleich, ansonsten alles anders. Schlechter natürlich. Heute ist er immer noch in Münster und genießt das WWW, das die Stadt auszeichnet, wie er sagt: Wissenschaft, Wirtschaft und Wohlfühlen.

Dass Münster damals gar nicht so provinziell war, wie alle befürchtet hatten, merkte er bald. Im Gegensatz zu München trugen die Professoren da schon keine Talare mehr. Da war also schon viel Muff verflogen. Er gründete in Münster das erste Institut für Marketing an einer deutschen Hochschule – zu dieser Zeit war „Marketing“ in Deutschland noch ein ganz neues Thema. Seitdem haben bei ihm über 4000 Studenten Vorlesungen gehört, er hat über 1000 Diplomarbeiten und über 100 Doktorarbeiten betreut. Und ganz nebenbei den Titel „Markenpapst“ erhalten. Prof. Heribert Meffert wurde mit zahlreichen Ehrungen ausgezeichnet, ihm wurde die Ehrendoktorwürde verschiedener nationaler und internationaler Hochschulen verliehen. Seit 2002 ist er zwar emeritiert, arbeitet aber noch immer jeden Tag mit seinem Team im Marketing Centrum Münster, obwohl sein Augenlicht mehr und mehr nachlässt. Er ist stets umgeben von jungen Studenten, die sein Wissen, seine Erfahrung und seine Pionierarbeit im Marketing schätzen. „Ich kann mich jetzt ausschließlich der Kür widmen und habe keine Pflichten mehr“, freut sich der 72jährige. Ans Aufhören denkt er gar nicht. Er publiziert lieber weiter und genießt nebenbei sein WWW in Münster.

# Schwäbischer Apfelkuchen

Seine Frau kommt gebürtig aus Schwaben und brachte dieses Rezept ihrer Mutter mit in die Ehe: Für Prof. Dr. Dr. h. c. mult. Heribert Meffert geht nichts über einen guten, schwäbischen Apfelkuchen.

180 g Mehl
160 g Zucker
80 g Butter
0,5 TL Backpulver
2 Päckchen Vanillezucker
4 Eier
eine Prise Salz
2 Zitronen
6 - 8 Äpfel (Boskop)
400 ml saure Sahne
100 g Rosinen
Rum

Rosinen über Nacht in etwas Rum einweichen ▮ 80g Zucker, Butter, ein Ei, ein Päckchen Vanillezucker, Salz und den Abrieb einer Zitrone verkneten ▮ anschließend Mehl und Backpulver dazugeben und zu einem Teig verarbeiten ▮ Teig teilen ▮ eine Hälfte für den Boden ausrollen und in die Springform legen ▮ aus der zweiten Hälfte einen ca. 26 cm langen Streifen (Springformrand) rollen und zur Seite legen ▮ Backofen auf 175 °C vorheizen ▮ die Äpfel schälen, entkernen, halbieren und oben einritzen ▮ auf dem Teigboden verteilen, aber am Rand etwas Platz lassen ▮ Äpfel mit dem Saft einer Zitrone beträufeln ▮ die Form schon jetzt 10 Minuten bei 175 °C in den Backofen schieben ▮ währenddessen Eier, restlichen Zucker, Vanillezucker und Abrieb der zweiten Zitrone aufschlagen, anschließend saure Sahne und Rosinen zugeben ▮ Form aus dem Ofen nehmen und den zweiten Teigstreifen an den Rand der Springform drücken ▮ den Guss über die Äpfel verteilen und 40 Minuten bei 175 °C weiterbacken ▮ nach dem Abkühlen mit Puderzucker bestäuben

# Carmelo Caputo

Man merkt es dem gebürtigen Italiener an: Carmelo Caputo duldet keine auch noch so kleine Nachlässigkeit in seinem Restaurant, er will es perfekt. Und genau das schätzen seine Gäste. Frische italienische Speisen, erstklassige Weine, exzellenter Service und interessantes Restaurant-Design sind sein Markenzeichen. Mit seiner „Villa Medici“ hat er aus einer ehemaligen Eckkneipe an der Ostmarkstraße eine kleine Pilgerstätte für Liebhaber der gehobenen, italienischen Küche gemacht. Zahlreiche Gourmet-Führer zeichnen das Restaurant zu einem der zehn besten „Italiener“ Deutschlands aus.

Dabei war Carmelo Caputo gerade mal 27, als er die „Villa Medici“ 1987 gründete. Aber er hatte schon damals das richtige Gespür für exklusive Bewirtung. Nachdem er in Italien eine Hotelberufsschule besucht hatte, kam er 1977 vom Comer See nach Deutschland. Geplant war eigentlich nur ein Jahr, Carmelo Caputo wollte seine Deutsch-Kenntnisse verbessern. Dann blieb er aber doch. Nach einer Saison in einem Hotel auf Wangerooge und einigen Stationen in deutschen Städten kam er nach Münster. „Ich habe mich sofort in diese Stadt verliebt. Sie hat etwas Mediterranes, manchmal auch fast Dörfliches, trotzdem kann man hier fast anonym sein“, schwärmt er.

Das große Lob für seine „Villa Medici“ war für Carmelo Caputo gleichzeitig eine Verpflichtung, auch mit seinem neuen Gastronomie-Konzept, dem „Caputo's“, etwas Besonderes zu bieten – besondere Speisen und besonderes Design. Für den Innenausbau wurde sein „Caputo's“ bereits mit dem „best architects 11 Award“ ausgezeichnet. Seit Oktober 2009 können seine Gäste dort direkt am Picassoplatz eine Mischung aus Bar, Café und Restaurant genießen. Perfekt italienisch natürlich.

# Cannoli

Carmelo Caputos Eltern stammen aus Sizilien. Sie brachten viele Rezepte aus ihrer Heimat mit an den Comer See, zum Beispiel die Cannoli, eine typisch sizilianische Spezialität. Italien kann so nah sein.

**Teig:**

60 g Butter
60 g Zucker
30 g Vanillezucker
250 g Mehl
20 g Kakao
1 TL Weißwein-Essig
500 g Pflanzenöl
3 Eier
1 Prise Salz
30 ml Marsala-Wein

Butter und Zucker schaumig rühren ▮ Eier, Marsala und Essig zugeben ▮ Kakao und Mehl nach und nach zugeben, bis ein elastischer Teig entsteht ▮ Teig in Folie wickeln und eine Stunde kalt stellen ▮ anschließend ausrollen (ca. 2 mm dick) und noch mal für 10 Minuten in den Kühlschrank legen ▮ anschließend in Quadrate schneiden (ca. 14 cm Länge) ▮ die Quadrate um Bambusstangen oder Metallrohre (2 cm Durchmesser) wickeln und Ecken mit geschlagenem Eiweiß verkleben ▮ die Teigrollen in heißem Fett frittieren und auf Küchenpapier abtropfen lassen ▮ Stangen herausziehen, sobald die Cannoli abgekühlt sind.

**Füllung:**

500 g Ricotta
100 g Zucker
30 g Vanillezucker
150 g kandierte Früchte
60 g Bitterkuvertüre
Abrieb einer Orange
Puderzucker

Ricotta gut ausdrücken und durch ein Sieb streichen ▮ mit dem Zucker, Vanillezucker und Orangenabrieb verrühren, anschließend Früchte und gehackte Kuvertüre untermischen und in einen Spritzbeutel füllen ▮ Die Teigrollen gut füllen und mit Puderzucker bestäuben.

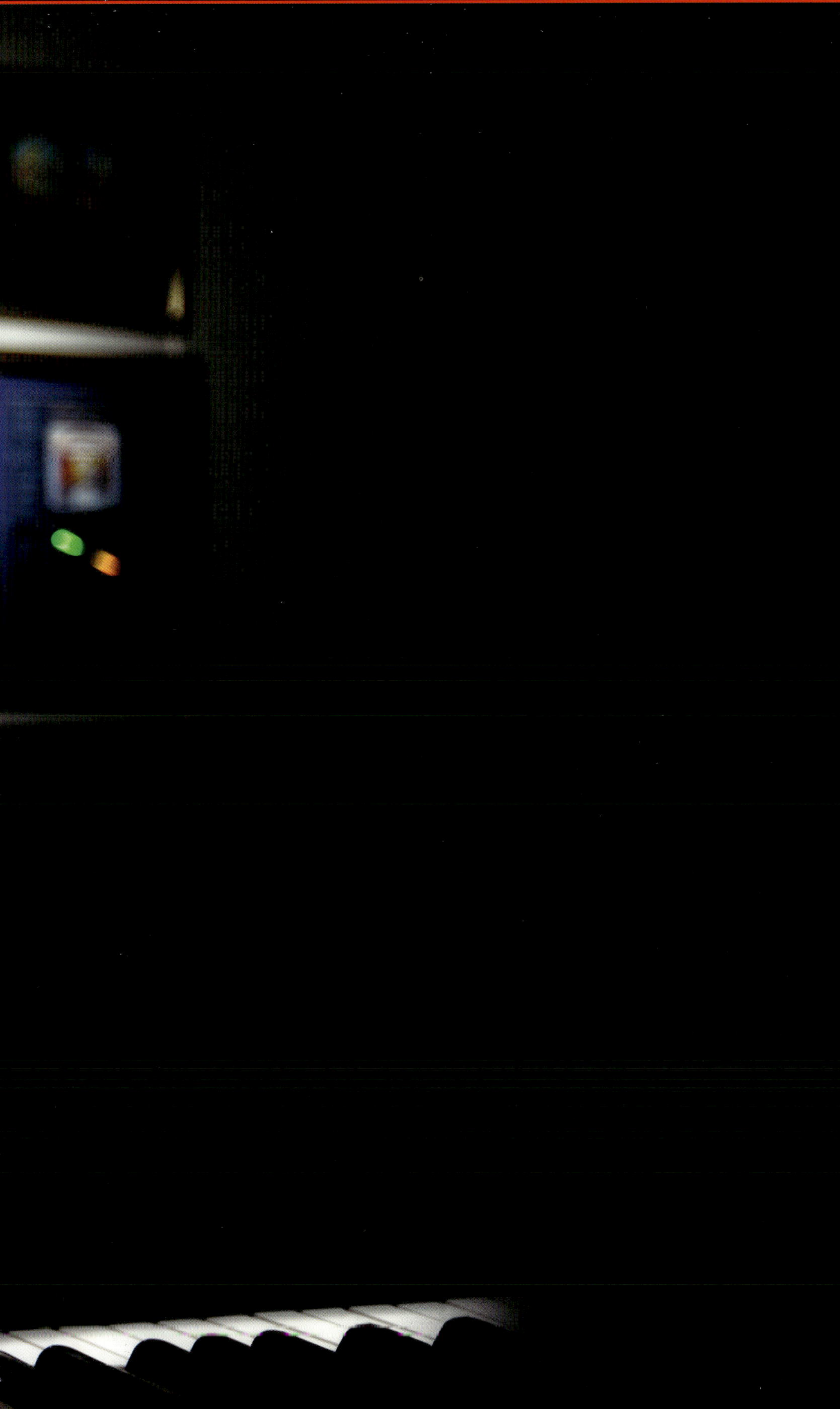

# Detlev Jöcker

Eltern singen. Und zwar alle – auch diejenigen, die sich eigentlich für ganz unmusikalisch halten. Aber man braucht die richtigen Lieder, solche, die Eltern und Kindern Spaß machen. Wer Kinder hat, kommt deshalb an Detlev Jöcker nicht vorbei. Kinder und Erwachsene freuen sich über die liebevollen Texte, die eingängigen Melodien und Detlev Jöckers unkomplizierte Art. Heute vergeht kein Kindergartentag ohne Detlev Jöckers „1, 2, 3 im Sauseschritt".

Als Detlev Jöcker in den 70er Jahren begann, Kinderlieder zu komponieren, war es fast so, als hätten die Eltern nur darauf gewartet. Seine Lieder machten den Alltag leichter und beschwingter. „Ich brauchte nur meine Kinder um mich zu haben, dann kamen die Ideen wie von selbst", erzählt der vierfache Vater. Wickeln, Füttern, der Familienbesuch beim Italiener um die Ecke – zu allem fiel ihm ein Lied ein. Sein erstes Konzert gab er dann im Kindergarten seines Sohnes auf einem Sommerfest. Inzwischen hat der geborene Münsteraner über 12 Millionen Tonträger verkauft. Allein sein erster Hit „1, 2, 3 im Sauseschritt" verkaufte sich bisher über 1,2 Millionen Mal. Für 12 seiner Platten erhielt er Gold- und Platinauszeichnungen. Er ist seit über 10 Jahren der erfolgreichste Kinderliedermacher Deutschlands. Doch seine Motivation bekommt er durch die Live-Auftritte. „Kinder sind ein anspruchsvolles Publikum", weiß Detlev Jöcker. „Wenn sie richtig Spaß haben, lachen, singen und tanzen – das ist für mich der wahre Erfolg".

Ganz sicher verstecken Eltern manchmal aber auch heimlich seine CDs in der hintersten Ecke des Regals. Weil seine Lieder solche Ohrwürmer sind. Weil dann doch manchmal der Humor fehlt, wenn die Kinder morgens um halb sechs Uhr unbedingt das „Flummilied" hören wollen und vorher keine Ruhe geben. Und dann singen Eltern Jöckers „Komm du kleiner Racker" – und der Tag ist gerettet. Denn seine Musik bringt gute Laune für einen ganzen Tag. Sogar ganz, ganz früh morgens.

# Allgäuer Nusskuchen

Zum ersten Mal aß Detlev Jöcker diesen Nusskuchen im Urlaub auf der Sonnenalp in der Nähe von Sonthofen. Seit dieser Zeit liebt er die Gegend – und das Rezept.

| | |
|---|---|
| 200 g Butter | 30 g Marzipanrohmasse |
| 200 g Zucker | 8 g Backpulver |
| 4 Eier | 10 g Vanillezucker |
| 200 g Mehl | 1 TL Zimt |
| 170 g gemahlene Nüsse | eine Prise Salz |

Backofen auf 175 °C vorheizen ❙ Butter mit Marzipanrohmasse verkneten und anschließend mit Zucker, Vanillezucker und Salz cremig rühren ❙ Eier nach und nach zugeben und schaumig rühren ❙ Nüsse, Zimt, Mehl und Backpulver mischen und anschließend vorsichtig unter die Eiermasse heben ❙ Teig in eine gefettete Gugelhupfform geben mit 20 cm ø ❙ bei 175 °C ca. 50 Minuten backen ❙ nach dem Auskühlen mit Puderzucker bestäuben.

# Michael Rummenigge

Eine der schönsten Nebensachen der Welt ist für ihn die Hauptsache: Bei Michael Rummenigge dreht sich eigentlich schon immer alles um Fußball. Hinter ihm liegt eine lange und erfolgreiche Karriere in der Fußball-Bundesliga mit insgesamt 80 erzielten Toren. Vor dem 46jährigen liegt alles, was man sonst noch mit Fußball machen kann: Unter anderem betreibt er in Münster seit 2004 die Soccerhalle Rummenigge. Und das mit großem Erfolg – sie wurde zur besten Soccerhalle Deutschlands gewählt.

Münster kennt der gebürtige Lippstädter schon aus seiner Kindheit, denn die Eltern fuhren früher schon mit ihm und seinen Brüdern in die Stadt, um einzukaufen. Damals kickte er schon bei Borussia Lippstadt. Mit siebzehn kam er dann zum FC Bayern München. Dort spielte er bis 1988, viele Jahre auch an der Seite seines Bruders Karl-Heinz. Mit den Bayern wurde Michael Rummenigge dreimal Deutscher Meister und zweimal DFB-Pokalsieger. 1988 kam er zurück nach Westfalen – zu Borussia Dortmund. Und gewann direkt den DFB-Pokal. 1993 ging er nach Japan und spielte in der dortigen Profiliga. Eine schwerwiegende Verletzung zwang den dreifachen Vater 1996, seine aktive Fußballkarriere zu beenden.

Doch Fußball bestimmte weiterhin sein Leben und das seiner Familie: Sein Sohn Marco ist deutscher U-19-Nationalspieler. Und neben der Soccerhalle betreibt Michael Rummenigge eine Sportmarketing-Agentur. Als „Trendsport Rummenigge“ vertreibt er Fußballprodukte. Außerdem engagiert er sich für den Verein „Kinderlachen“ und seit Jahren auch für die Initiative „Keine Macht den Drogen“. Er gründete eine Fußballschule, um den talentierten Nachwuchs zu fördern. Michael Rummenigge spielt zwar nicht mehr aktiv – aber alles, was man sonst noch mit Fußball machen kann, das hat er fest im Griff. Und das ist eben weitaus mehr, als einfach nur das Runde ins Eckige zu schießen.

# Torta Caprese

Torta Caprese – da denkt man direkt an Urlaub und viel Sonne. Das Rezept brachten Michael Rummenigge und seine Frau aus Italien mit und erinnern sich mit diesem Kuchen auch zu Hause gerne an sonnige Urlaubstage.

300 g gemahlene, ungeschälte Mandeln
200 g Kuvertüre
200 g Butter
200 g Zucker
6 Eier
eine Prise Salz
1 Messerspitze Backpulver
50 ml Mandellikör
250 g Preiselbeermarmelade
Schokoladenraspel
Puderzucker

Backofen auf 175 °C vorheizen ▮ Eier trennen ▮ Eigelb mit weicher Butter, 120 g Zucker und dem Salz schaumig schlagen ▮ Kuvertüre schmelzen und dazu geben ▮ Mandeln, Backpulver und den Mandellikör unterheben ▮ Eiweiß mit dem Rest Zucker zu Eischnee schlagen und unterheben ▮ Masse in eine gefettete Springform 26 cm ø geben und 50 - 60 Minuten bei 175 °C backen ▮ auskühlen lassen ▮ mit Preiselbeermarmelade bestreichen, Schokoladenraspel darüber streuen und mit Puderzucker bestäuben.

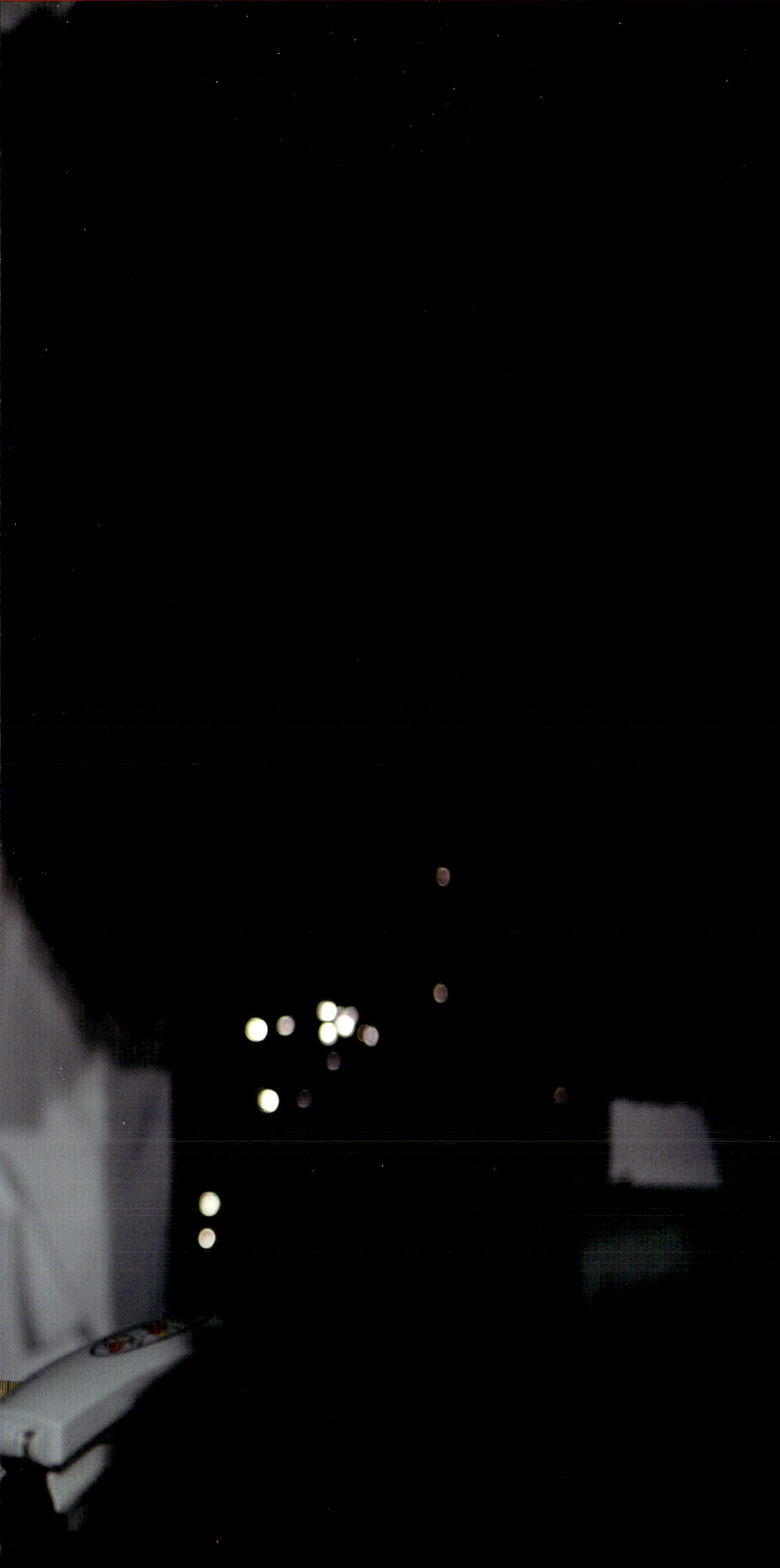

# Guido Maria Kretschmer

Er gilt als erfolgreichster Newcomer in der europäischen Welt des Modedesigns: Guido Maria Kretschmer. Zahlreiche Stars aus der Film-, Fernseh- und Musikbranche tragen die von ihm entworfene Tages- und Abendmode. Die Wiege seines Unternehmens steht in Münster, hier befindet sich auch heute noch die Zentrale seiner inzwischen international agierenden Firma.

Natürlich kamen mit dem Erfolg auch weitere Unternehmensstandorte hinzu: Berlin, München, Mallorca. Guido Maria Kretschmer ist viel unterwegs. Seine Mode spiegelt wider, was der Designer auch selbst ausstrahlt: eine besondere, elegante Ruhe und ein sehr gutes Gespür für Menschen. Alle Entwürfe haben vielleicht deshalb auch eines gemeinsam – eine sinnliche Eleganz. Nicht nur seine Kundinnen und Kunden, auch Journalisten sind begeistert: Seine Kleider werden als anmutig, opulent, glamourös, dabei aber tragbar beschrieben. Der gebürtige Münsterländer ist überzeugt: „Eleganz ist der letzte Luxus unserer Tage.“

Nach dem Abitur begann der heute 45jährige zunächst ein Medizinstudium in Münster. Doch sein Herz gehörte der Mode und so floh er zwei Semester später nach Ibiza, mietete dort auf dem Hippiemarkt einen Stand und verkaufte selbst entworfene Kleidung. Dort hatte er eine entscheidende Begegnung: Udo Lindenberg besuchte seinen Stand und bestellte für eine Tour fünf Brokat-Jacken. Die nähte Guido Maria Kretschmer auf seiner Pfaff 260, einer Nähmaschine, die er von der Oma geerbt hatte. Dieser Auftrag gab ihm Mut und Rückenwind, es mit viel Ehrgeiz und Fleiß in einer so schwierigen Branche wie dem Modedesign zu probieren. Es folgte ein entsprechendes Design-Studium in Barcelona. Dann kam der Durchbruch: Die Deutsche Fluglinie Hapag Lloyd suchte damals an der Hochschule nach einem Studenten, der ihren Uniformen ein neues Design verschaffen könnte. Guido Maria Kretschmer bekam den Auftrag. Er gründete in Münster sein Unternehmen „Guido Maria Kretschmer by pepper“, das sich ganz auf das Design von Uniformen konzentrierte. Für den Touristikverband World of Tui wurden mehr als 2,5 Millionen Teile produziert. Doch nebenbei hat Guido Maria Kretschmer auch immer für Privatkunden entworfen, hat Kostüme für erfolgreiche Theater- und Filmproduktionen geschaffen. Jetzt ist er mit seinem Label GMK in der Haute Couture angekommen. Ein münsterisches Märchen, von dem viele Modebegeisterte träumen.

# Frankfurter Kranz

Guido Maria Kretschmer hat ein enges und inniges Verhältnis zu seinen Eltern. Dieses Rezept erinnert ihn an Feiern im engsten Familienkreis: Seine Mutter backt den Frankfurter Kranz seinem Vater zuliebe – auch wenn er ihr selbst ein bisschen zu mächtig ist …

| | |
|---|---|
| 585 g Butter | eine Prise Salz |
| 80 g Semmelbrösel | 0,5 Vanillestange |
| 5 Eier | 500 ml Milch |
| 450 g Zucker | 40 g Vanillepuddingpulver |
| 90 g Mehl | 500 g Preiselbeermarmelade |
| 60 g Weizenpuder | 500 g gehackte Mandeln |
| 2 g Backpulver | 14 Stück Belegkirschen |

Butter am besten einige Stunden vorher aus dem Kühlschrank nehmen ▮ Backofen auf 180 °C vorheizen ▮ eine Kranzform 24 cm ø mit 20 g zerlassener Butter fetten und mit Semmelbröseln ausstreuen ▮ Mehl, Weizenpuder und Backpulver in eine Schüssel sieben ▮ 40 g Butter im Topf zerlassen ▮ Eier trennen ▮ Eigelb mit 80 g Zucker, Salz und Vanillemark cremig schlagen ▮ Eiweiß mit 40 g Zucker cremig-fest schlagen ▮ anschließend die Eiermassen vorsichtig verrühren und Mehlgemisch unterheben ▮ zerlassene Butter zufügen ▮ Teig in die Kranzform füllen und bei 180 °C 25 Minuten backen und auskühlen lassen ▮ Puddingpulver mit 80 ml Milch verrühren ▮ restliche Milch mit 80 g Zucker aufkochen (ständig rühren!) ▮ Vanillepuddinggemisch zufügen und unter kräftigem Rühren nochmals aufkochen ▮ Pudding völlig erkalten lassen ▮ 500 g Butter zu einer cremigen Masse schlagen, kalten Pudding durch ein Sieb passieren, zu der Butter geben und nochmals gut aufschlagen.

Den Kranz waagerecht dreimal durchschneiden ▮ den unteren Boden auf eine Tortenplatte legen, Buttercreme in einen Spritzbeutel füllen und außen wie innen einen Kreis auf dem Boden ziehen ▮ Zwischenraum mit Preiselbeermarmelade füllen ▮ den zweiten Boden auflegen und wieder mit Buttercreme und Marmelade füllen ▮ letzten Boden auflegen und mit Buttercreme einstreichen ▮ in den Kühlschrank stellen ▮ gehackte Mandeln mit 250 g Zucker und 25 g flüssiger Butter in eine Pfanne geben ▮ bei mittlerer Hitze gut durchrühren, bis die Mandeln eine goldbraune Farbe bekommen haben ▮ Kranz aus dem Kühlschrank nehmen und den Mandelkrokant außen an den Kranz drücken ▮ mit der restlichen Buttercreme und Belegkirschen verzieren.

# Titus Dittmann

Vom Lehrer zum Lord of the board: Titus Dittmanns Werdegang vom Studienrat mit Beamtenstatus zum Inhaber des Skateboard- und Streetwearhandels namens „Titus“ ist eine der oft erzählten Lieblingsgeschichten aus Münster. Dabei steht Titus Dittmann für viel mehr als nur für den Beginn einer Skateboardwelle.

Geboren wurde der 61jährige im Westerwald. Nach dem Abitur kam er 1971 zum Studium nach Münster: Lehramt Sport und Geographie. 1978 begann er sein Referendariat am Hittorf-Gymnasium in Münster, bis 1984 war er als Studienrat in Hamm beschäftigt. Dann kam der Bruch: Er verließ die Schule und machte das Skateboard endgültig zu seinem Lebensinhalt. Das hatte sich jedoch schon angebahnt, denn bereits Ende der siebziger Jahre hatte er einen Skateboardpark in Münster aufgebaut, sein 2. Staatsexamen hatte das Thema „Skateboarding im Sportunterricht?“ und 1982 veranstaltete er in Münster das erste Event, das in den folgenden Jahren zur Skateboard-Weltmeisterschaft mutierte. Eine ganze Generation von Jugendlichen pilgerte zu seinem Shop in der Nähe des Bahnhofs in Münster: Skateboards und die entsprechende Kleidung konnte man damals in Deutschland kaum irgendwo kaufen. Ganz nebenbei hat Titus Dittmann übrigens auch an Weltmeisterschaften im Snowboarden teilgenommen, fährt Autorennen, springt mit Fallschirmen vom Himmel und hat selbst dabei manchmal ein Skateboard an den Füßen: Skyskateboarden nennt sich das dann.

Aber Titus Dittmann ist eben nicht nur ein Funsport-Pionier. Bei ihm muss sich im wahrsten Sinne des Wortes etwas bewegen und er scheut sich nicht, dafür querzudenken und neue Wege zu beschreiten. Bei all seinen Aktivitäten stehen die Jugendlichen im Vordergrund. Mit seiner Titus-Dittmann-Stiftung unterstützt er Kinder in aller Welt. „Skateboarding kennt weder Grenzen noch Krieg, Hautfarbe, arm oder reich. Unser Sport verbindet und wirkt besonders für Jugendliche identitätsstiftend“, so der Pädagoge. In Afghanistan hat er mit seiner Initiative „skate-aid“ beispielsweise einen Skateboardpark gebaut. Mit seiner Skate-Aid-Night im Skaters Palace in Münster sammelt er jährlich Geld für neue Projekte. Titus Dittmann ist vielseitig aktiv – aber egal was es ist: ein Brett auf vier Rollen sollte nach Möglichkeit schon dabei sein.

# Grießkuchen

Titus Dittmann liebt die einfachen, unkomplizierten Kuchen: Sein Favorit ist der Grießkuchen seiner Mutter. Das von ihr geschriebene Rezept hütet er wie einen Schatz, weil es eine ganz besondere Erinnerung ist. Und natürlich auch besonders lecker.

1 Tasse (normale Kaffeetasse) Mehl
1 Tasse Grieß
1 Tasse Milch
1 Tasse Zucker
0,5 Päckchen Backpulver
1 Päckchen Vanillezucker
1 Ei
eine Prise Salz
750 g Pflaumen

Backofen auf 175 °C vorheizen ❙ alle Zutaten (außer Pflaumen) in einer Schüssel gut zu einem Teig verrühren ❙ Springform (26 cm ø) fetten und den Teig einfüllen ❙ Pflaumen entkernen, halbieren und auf dem Teig verteilen ❙ 45 Minuten bei 175 °C backen, dann Ofen ausschalten und den Kuchen weitere 15 Minuten im Ofen lassen ❙ nach dem Abkühlen mit Puderzucker bestäuben.

# Jörg Adler

Wenn ihn etwas interessiert, dann packt er es an und zwar verbissen – sagt Jörg Adler von sich selbst. Ganz oder gar nicht: Das ist die Devise des Zoodirektors aus Münster. Deshalb hört er seine Elefanten, Affen und Löwen auch schon morgens im Pyjama, denn er wohnt direkt nebenan. „Ich arbeite und lebe im Zoo, private Momente sind selten", erzählt Jörg Adler.

Die Situation im münsterschen Zoo war insgesamt nicht leicht, als der heute 64jährige 1990 im Allwetterzoo Münster anfing. Die Besucherzahlen gingen zurück, die Stimmung innerhalb der Mitarbeiterschaft war eher angespannt, aber das war für den gebürtigen Leipziger zunächst egal: „Ich wollte vor allem raus aus der DDR", sagt Jörg Adler. „Dass ich in Münster gelandet bin, war reiner Zufall." Nach dem Abitur hat er eine Ausbildung als Tierpfleger absolviert, später Agrarwissenschaften studiert – ein Studium, das man ihm in Ostdeutschland eben angeboten hatte, auch wenn es nicht seine erste Wahl war. Nach 25 Jahren im Leipziger Zoo folgte der Wechsel nach Münster, seit 1996 ist er hier Direktor. Und konnte eine Wende für den Zoo herbeiführen: „Tiere hautnah erleben" ist das von ihm entwickelte Leitbild, dabei steht die Bewahrung der Natur im Fokus seiner Aktivitäten. Mit den Veränderungen stiegen auch die Besucherzahlen auf heute rund 1 Million pro Jahr, der Service für die Gäste wurde entschieden verbessert, die Gehege sowieso.

Die hohen Besucherzahlen braucht Jörg Adler für seinen Zoo, damit eine Weiterentwicklung unter ökologischen Gesichtspunkten möglich ist. Bei der notwendigen Vermarktung erweist er sich als Medienexperte. Mit immer neuen Ideen schafft er es, die Öffentlichkeit auf den Zoo aufmerksam zu machen: Wird ein neues Affengehege eingeweiht, sieht man Jörg Adler schon mal kletternd den Ausbruchversuch eines Orang-Utans imitieren. Den in ein Tretboot verliebten Schwan Petra bringt er medienwirksam vom Aasee in seinen Zoo. Jörg Adler weiß eben, wie das funktioniert: ganz oder gar nicht.

# Stollen

Ein Stollen passt besonders gut in die Weihnachtszeit, ist aber auch eine besondere Herausforderung. Jedes Jahr im Dezember wird im Hause Adler nach einem alten Familienrezept gebacken. Und anschließend bei einer Tasse Kaffee genossen.

| | |
|---|---|
| 50 ml Rum | 25 g gestiftelte Mandeln |
| 20 g Citronat | 15 g bittere Mandeln |
| 10 g Korinthen | 330 g Butter |
| 500 g Mehl | 150 g Rosinen |
| 40 g frische Hefe | 15 g Schmalz |
| 200 ml Milch | 1 Vanillestange |
| 165 g Zucker | 0,5 Zitrone |
| 4,5 g Salz | Puderzucker |

Korinthen und Rosinen über Nacht in dem Rum einweichen ▌ 250 g Mehl auf die Arbeitsfläche häufen, eine Vertiefung eindrücken ▌ die Hefe mit der handwarmen Milch verrühren, in die Vertiefung geben und vorsichtig mit dem Mehl zu einem mittelfesten Teig verkneten ▌ zugedeckt an einem warmen, zugfreien Platz ca. eine halbe Stunde aufgehen lassen ▌ anschließend das restliche Mehl, 65 g Zucker, das Vanillemark, die geriebene Schale der Zitrone, Salz, 130 g Butter, Schmalz, Zitronat, alle Mandeln, Korinthen und Rosinen hinzugeben und den Teig gründlich durchkneten ▌ an einem warmen Platz zugedeckt zwei Stunden aufgehen lassen ▌ anschließend nochmals gut kneten ▌ Backofen auf 190 °C vorheizen ▌ Teig zu einer Rolle formen und auf ein Backblech legen ▌ mit einem Holzstab längs, seitlich eine Rille in die Teigrolle drücken und die so entstandene schmale Seite der Teigrolle über den breiten Teil klappen ▌ ca. 60 Minuten bei 190 °C backen ▌ 200 g Butter schmelzen und den warmen Stollen damit bepinseln ▌ 100 g Zucker darüber streuen und zum Schluss noch mit Puderzucker bestäuben.

# Hartwig Schultheiß

Sein Büro ist schlicht – seine Aufgabe nicht. Denn wohin sich Münster städtebaulich entwickelt, hängt maßgeblich von ihm ab: Stadtdirektor Hartwig Schultheiß. Nach ein paar Jahren in Stuttgart und im Rheinland kehrte er zurück ins Münsterland. Und wenn er über Münster und die Münsteraner spricht, merkt man, dass er beide mag. Münster ist und bleibt „sein Metropölchen".

Wenn man einen Beruf hat, in dem man die Lebensumgebung von Menschen verändert und außerdem viel Geld verplant, hat man es nicht immer leicht. In Münster schon gar nicht, denn wenn jemand ihre Stadt verändern möchte, dann sind die Münsteraner erst einmal skeptisch. Dann weht schon mal ein kräftiger Gegenwind gen Rathaus. „Und das ist nachvollziehbar und gut so", meint Hartwig Schultheiß gelassen. „Die Münsteraner sind nicht konservativ, wie oft behauptet wird. Sie haben nur keinen Veränderungsdruck." Aber Münster steht trotz allem auch in Konkurrenz zu anderen Regionalhauptstädten in Europa, muss sich weiter entwickeln, attraktiv bleiben – darin sieht er seine Aufgabe.

Seit er im Jahr 2000 seine Aufgabe als Beigeordneter und Stadtdirektor übernahm, ist in Münster viel passiert. Nicht nur die Innenstadt hat sich städtebaulich entwickelt. Es gab viele heftig diskutierte Projekte auch in den Stadtteilen. Von den einen hoch gelobt, von anderen scharf kritisiert. Und Hartwig Schultheiß hat weitere Visionen. Die Vernetzungen zwischen den Straßen in der Innenstadt sollen verbessert werden, Hinterhöfe genutzt, die kleinen Straßen und Gassen in der Innenstadt durch kleine Läden belebt werden. Hartwig Schultheiß wird sich für seine weiteren Ideen für Münster windfest machen: „Das ist schließlich mein Job. Und den mache ich sehr gerne".

Weseler Straße
Burgstr.

# Schokoladenkuchen

Hartwig Schultheiß verbringt am Wochenende viel Zeit mit seinen beiden Söhnen auf deren Fußballturnieren. Da ist die richtige Verpflegung wichtig: Der Stadtdirektor findet für die Gelegenheit Kuchenstücke und normale Muffins zu groß, zu trocken und unpraktisch. Seine Schokoladenkuchen lassen sich in einfachen Plastikdosen gut transportieren, machen sich aber in einer besonderen Form gebacken und nett präsentiert auch auf jeder Feier gut.

| | |
|---|---|
| 150 g Zartbitterschokolade | 120 g Zucker |
| 150 g Butter | 60 g Mehl |
| 3 Eier | 8 g Kakao |

Backofen auf 170 °C Grad vorheizen ❙ Eier mit Butter und Zucker schaumig rühren ❙ Schokolade vorsichtig schmelzen, zur Eier-Butter-Zucker-Masse hinzufügen ❙ die Masse gut verquirlen und anschließend Mehl und Kakao vorsichtig unterheben ❙ den Teig in ein gut gefettetes Formenblech mit 24 kleinen Vertiefungen verteilen und 8 - 10 Minuten bei 170 °C backen.

# Impressum

Umwelthinweis:
Der Inhalt dieses Buches wurde auf Papier mit chlorfrei gebleichtem Zellstoff gedruckt.
Das Einbandmaterial ist recyclebar.

Die Deutsche Bibliothek – CIP Einheitsaufnahme

So backt Mann in Münster
Heiner Schmitz
Bianca Lietmann
Heller Fotografen · Gestalter
Steinfurt; Tecklenborg Verlag, 2010
ISBN: 978-3-939172-77-2
1. Auflage 2010

Siemensstraße 4, D-48565 Steinfurt

Gesamtherstellung: Druckhaus Tecklenborg, Steinfurt



ISBN: 978-3-939172-77-2